# LA VIDA SECRETA DEL KRAKEN

de Benjamin Harper

CAPSTONE PRESS
a capstone imprint

Publicado por Capstone Press, una impresión de Capstone
1710 Roe Crest Drive, North Mankato, Minnesota 56003
capstonepub.com



Los datos de catalogación previos a la publicación se encuentran disponibles en el sitio web de la Biblioteca del Congreso
ISBN 9798875236532 (tapa dura)
ISBN 9798875236488 (tapa blanda)
ISBN 9798875236495 (PDF libro electrónico)

Créditos editoriales
Editora: Abby Huff
Diseñadora: Heidi Thompson
Investigadoras de medios: Jo Miller
Especialista en producción: Tori Abraham

Resumen: La gente ha compartido historias sobre el legendario kraken durante cientos de años. Los lectores podrán explorar la sorprendente historia detrás de este famoso monstruo marino.

Créditos fotográficos
Alamy: Album, 29, Chronicle, 19, Chronicle, 27 (giant squid), steeve-x-art, 21; Avalon: Paulo de Oliveira, 24; Bridgeman Images: © Look and Learn, 11; Getty Images: Claudia Prommegger, 13, John M Lund Photography Inc, 9; Science Source, 16, 23, The Natural History Museum, London, 27 (suckers), Christion Darkin, 5; Shutterstock: Aceng Zaenal Arifin, 7, Albina Poliakova, Cover (fishing rod), Elegant Solution, 15 (Kraken), graficriver_icons_logo, 28 (glasses, hat, mustache), LouieLea, 14, Paul Fleet, 25, Peter Hermes Furian, 15 (map), shaineast, Cover (Kraken), StrongBrand, 28 (Kraken), Triff, 10, Vertes Edmond Mihai, 12, Wikimedia: Anonymous, 17, T. G. B. Lloyd (1829–1876), 20 elemento de diseño: Shutterstock: Kues, Net Vector, Victoria Sergeeva



Printed and bound in China. 6276

# TABLA DE CONTENIDO

Conoce al kraken .................... 4

Leyendas de la bestia .................... 8

Aguas territoriales .................... 14

Alcanzando al kraken .................... 18

Secretos del calamar .................... 24

Éxito de la pantalla grande .................... 28

Glosario .................... 30

Sobre El Autor .................... 31

Índice .................... 32

Las palabras en **negritas** están en el glosario.

# CONOCE AL KRAKEN

¡Barco a la vista, amigo! Si eres **marinero**, probablemente habrás oído hablar del kraken. La gente ha estado hablando de este monstruo marino durante cientos de años. Pero puede que no sea solo cosa de **leyendas**. ¿Podría existir la bestia? ¡Es hora de averiguarlo!

# HAZ TU MEJOR ESFUERZO SOBRE EL KRAKEN

¿Eres un experto en bestias marinas? ¡Pon a prueba tus conocimientos sobre el kraken! ¿Puedes adivinar?:

1. ¿Su hogar?

2. ¿Cuál es su longitud corporal reportada?

3. ¿Qué dicen las leyendas sobre su aspecto?

4. ¿Qué dicen que se crea cuando se sumerge?

5. ¿Verdadero o falso? Es posible que se haya resuelto el secreto del kraken.

## RESPUESTAS

**1.** Las aguas cercanas a Noruega

**2.** De 50 a 60 pies (15 a 18 metros)

**3.** Un calamar o pulpo

**4.** Grandes remolinos

**5.** Verdadero

# LEYENDAS DE LA BESTIA

El kraken apareció en escena hace mucho tiempo. En el año 1180, el rey de Noruega escribió sobre él por primera vez. Es probable que los marineros **nórdicos** ya contaran historias antes de esa fecha.

Las leyendas dicen que la bestia es grande. ¡Puede confundirse con una isla! El kraken tiene muchos brazos largos. Tiene dos ojos gigantes.

# ¡ATAQUE MARÍTIMO!

Al kraken no le gustan las visitas a su hogar. ¡Viejas historias dicen que puede hundir barcos! Los brazos del kraken se elevan desde el mar. Agarran con fuerza el barco. Tiran. Luego el barco se hunde. Los marineros de hace cientos de años siempre estaban al pendiente.

## DATO

El nombre de la bestia marina proviene de la palabra nórdica antigua *kraki*. Significa anzuelo o ancla.

## DE PESCA

Los brazos no son lo único que usa el kraken para agarrar comida. ¡Usa la caca como **cebo** para pescar! Eso es lo que dice un informe de la década de los 1750. La caca del kraken huele deliciosa para los peces. Nadan hacia ella. ¡Entonces el kraken ataca! Devora su comida de pescado.

¡Mmm!

# AGUAS TERRITORIALES

El kraken se mantiene fresco. Las leyendas dicen que vive en las frías aguas cercanas a Noruega. También nada cerca de Islandia y Groenlandia.

Los mapas antiguos a menudo tenían dibujos de la bestia. Solo los marineros más valientes se hacían a la mar. Sabían que podrían encontrarse con un kraken gruñón.

Polo Norte
Océano Ártico
Groenlandia
Islandia
Noruega
Océano Atlántico

## EL EQUIPO DEL KRAKEN

El kraken tiene amigos en toda Islandia. El hafgufa es un **críptido** enorme parecido a un pez. Come ballenas, barcos y cualquier cosa que pueda atrapar.

Al lyngbakr le gusta fingir que es una isla. Las historias dicen que los marineros aterrizaban en el lomo de la gran bestia. Luego, el monstruo marino se sumergía bajo el agua. ¡Maleducado!

# ALCANZANDO AL KRAKEN

¿Quién es el kraken en realidad? En 1857, el científico Japetus Steenstrup quiso saberlo. Estudió la vida marina. Decidió que los informes sobre el kraken describían una especie de calamar. Le dio al animal un nombre científico. Se llama calamar gigante.

¿La vida del kraken? ¡Quizás ya no sea tan secreta!

**DATO**

Steenstrup no había visto un calamar gigante. Pero encontró un gran pico de calamar que lo llevó a pensar que existía.

# ¡EMPUJONCITO! ¡EMPUJONCITO! ¿QUIÉN ESTÁ AHÍ?

En 1873, un pescador canadiense vio un objeto grande en el agua. Le dio un empujoncito. ¡Un brazo largo se levantó y agarró su bote! El hombre lo ahuyentó con un hacha. La criatura se alejó nadando en un chorro de tinta. ¿Se encontró el hombre con un calamar gigante, también conocido como kraken?

## DATO

El pescador tenía pruebas de su lucha. ¡Cortó un **tentáculo** de calamar de 19 pies (6 metros) de largo!

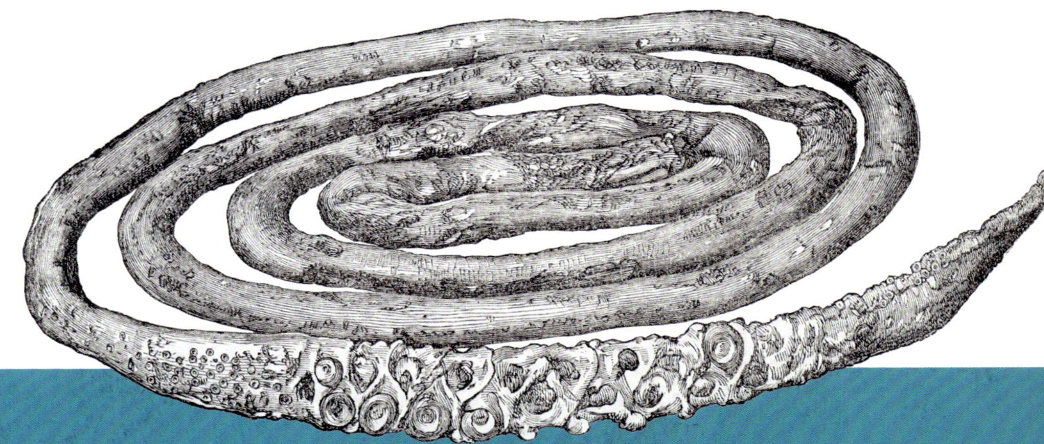

¡Ay!
¡Ya basta!

# EL ESPECTÁCULO DEL CALAMAR APESTOSO

Semanas después, otros pescadores canadienses tuvieron suerte en la pesca. ¡Capturaron un calamar gigante entero! Un hombre llamado Moses Harvey lo compró. Lo colgó en su tina y cobró a los demás por verlo. El calamar medía 24 pies (7 metros) de largo. ¡Tenía un hedor terrible!

## DATO

El calamar gigante de Harvey hizo historia. Fue el primer calamar gigante entero en ser fotografiado.

# SECRETOS DEL CALAMAR

¿Los calamares gigantes están detrás de las leyendas del kraken? Nadie puede estar completamente seguro. Pero muchos científicos dicen que sus características coinciden.

Los calamares gigantes son difíciles de estudiar. Viven en las profundidades del océano. ¡Los científicos finalmente vieron uno en estado salvaje por primera vez en 2012!

un calamar gigante muerto en 2016

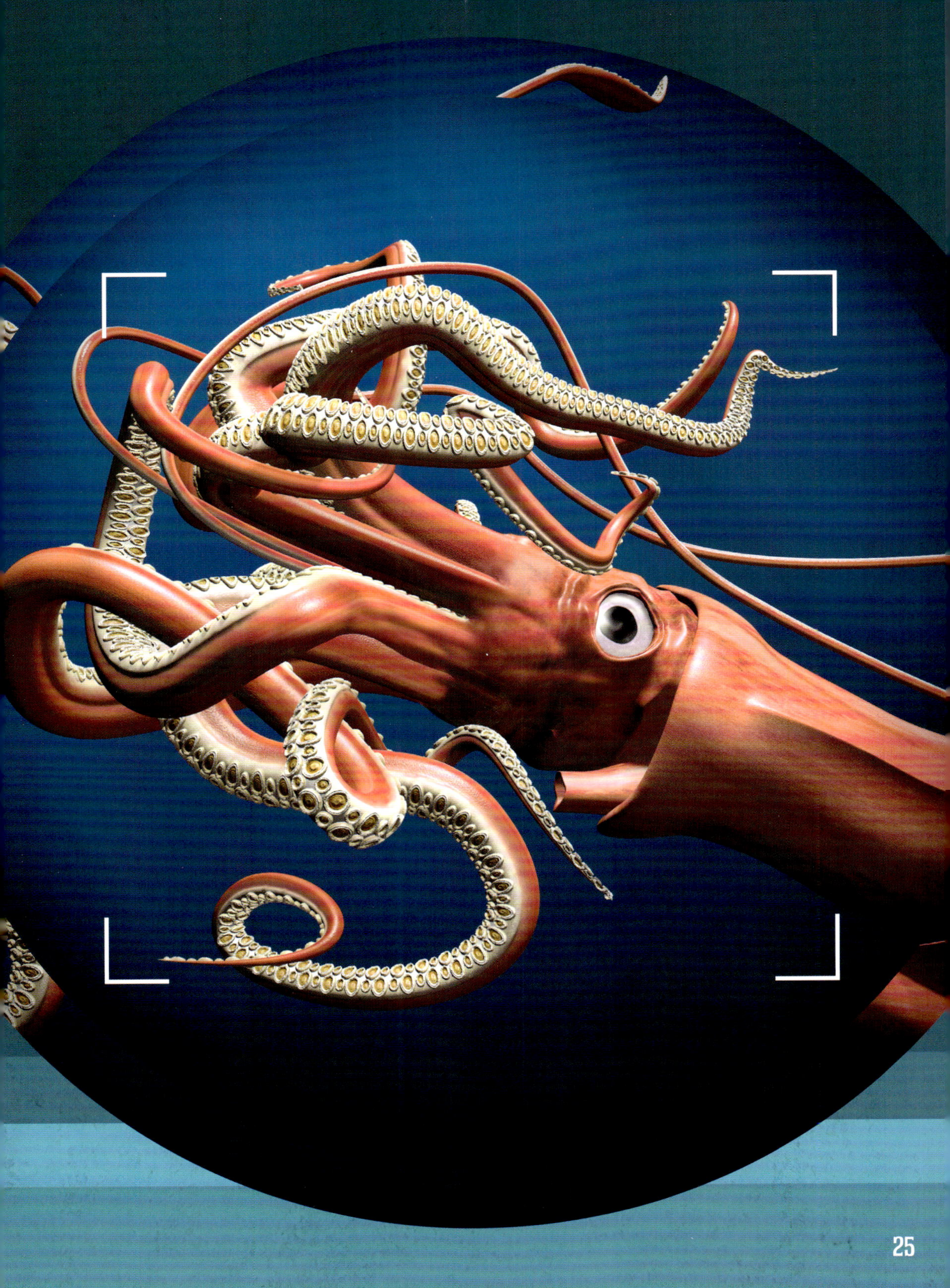

# DATOS SOBRE EL CALAMAR GIGANTE

¿Qué saben los científicos sobre los calamares gigantes? El animal:

- Vive en la Zona de Medianoche. La luz del sol no llega a estas aguas profundas del océano.
- Muerde con un pico afilado como el de un pájaro.
- Agarra con ocho brazos y dos tentáculos. Cada uno tiene ventosas revestidas de dientes.
- Dispara tinta para alejarse del peligro.

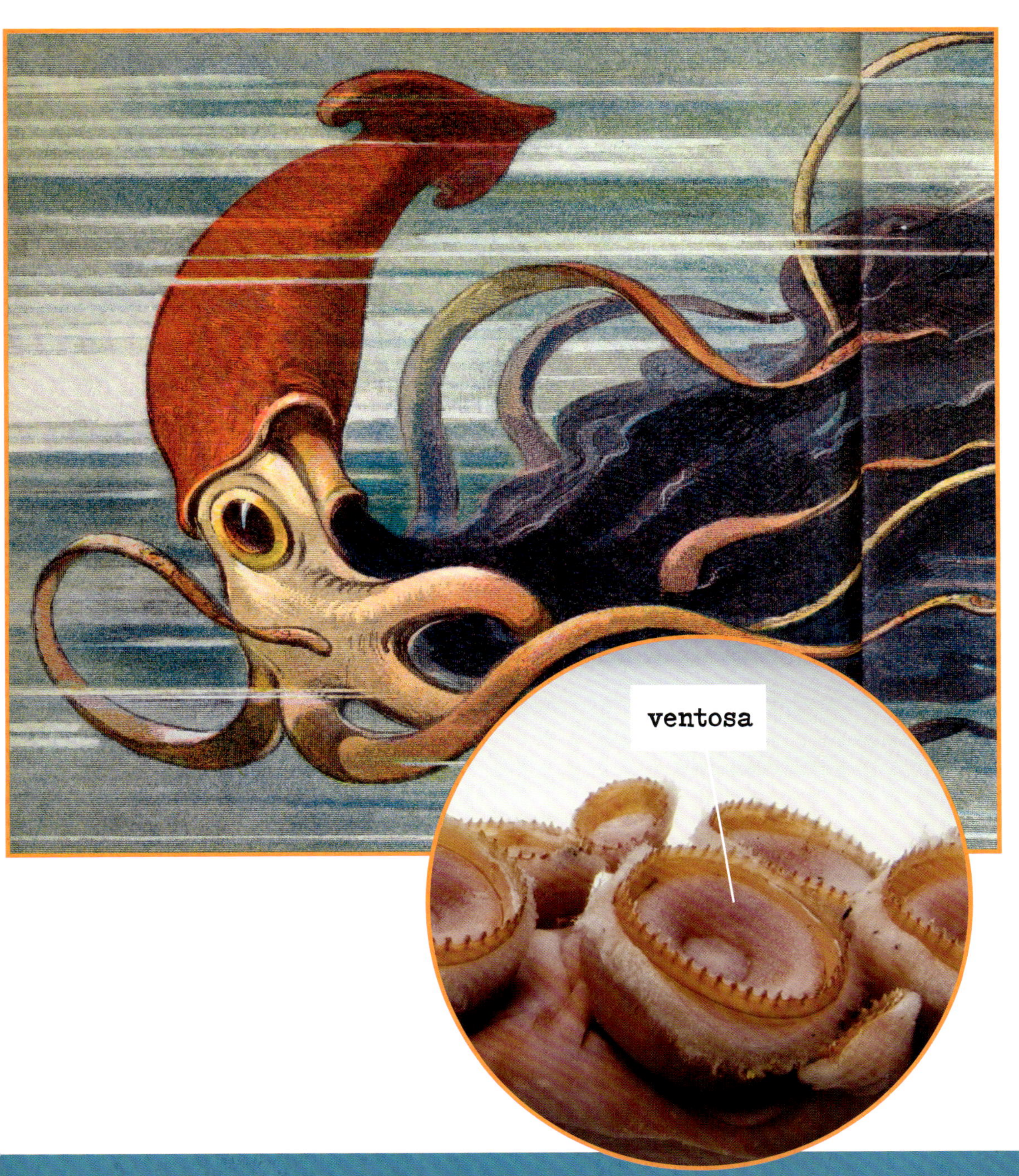
ventosa

# ÉXITO DE LA PANTALLA GRANDE

El kraken es una estrella de cine. La bestia ataca en *Piratas del Caribe: El cofre del hombre muerto*. También aparece en *Furia de titanes*. ¿Una frase famosa del guion? "¡Liberen al kraken!"

El kraken aparece en las pantallas. Pero ten cuidado en la playa. ¡Puede aparecer el verdadero!

JOHNNY DEPP
ORLANDO BLOOM
KEIRA KNIGHTLEY
WALT DISNEY PICTURES
PRESENTS
A JERRY BRUCKHEIMER PRODUCTION
A GORE VERBINSKI FILM
PIRATES of the CARIBBEAN
DEAD MAN'S CHEST
WALT DISNEY PICTURES PRESENTS IN ASSOCIATION WITH JERRY BRUCKHEIMER FILMS JOHNNY DEPP ORLANDO BLOOM KEIRA KNIGHTLEY "PIRATES OF THE CARIBBEAN: DEAD MAN'S CHEST"
A GORE VERBINSKI FILM STELLAN SKARSGÅRD BILL NIGHY JACK DAVENPORT KEVIN R. MCNALLY AND JONATHAN PRYCE MUSIC SUPERVISOR BOB BADAMI MUSIC BY HANS ZIMMER
VISUAL EFFECTS AND ANIMATION BY INDUSTRIAL LIGHT & MAGIC COSTUME DESIGNER PENNY ROSE EDITED BY CRAIG WOOD STEPHEN RIVKIN, A.C.E. PRODUCTION DESIGNED BY RICK HEINRICHS DIRECTOR OF PHOTOGRAPHY DARIUSZ WOLSKI, ASC
EXECUTIVE PRODUCERS MIKE STENSON CHAD OMAN BRUCE HENDRICKS ERIC MCLEOD PRODUCED BY JERRY BRUCKHEIMER BASED ON CHARACTERS CREATED BY TED ELLIOTT & TERRY ROSSIO AND STUART BEATTIE AND JAY WOLPERT
BASED ON WALT DISNEY'S PIRATES OF THE CARIBBEAN
JULY 7
WRITTEN BY TED ELLIOTT & TERRY ROSSIO DIRECTED BY GORE VERBINSKI
piates.wbes.com

# GLOSARIO

**cebo** (CE-bo): alimento utilizado como trampa para atrapar animales

**críptido** (CRÍP-ti-do): un animal cuya realidad no ha sido probada por la ciencia

**leyenda** (le-YEN-da): una historia que se transmite a través de los años que puede o no ser completamente cierta

**marinero** (ma-ri-NE-ro): persona que trabaja en un barco o bote

**nórdico** (NÓR-di-co): relacionado con la antigua Escandinavia, que incluye los países actuales Noruega y Suecia

**remolino** (re-mo-LI-no): agua que se mueve rápidamente en un círculo, que atrae objetos cercanos

**tentáculo** (ten-TÁ-cu-lo): en un calamar, una parte larga del cuerpo con ventosas en el extremo que se usa para agarrar comida

# SOBRE EL AUTOR

Benjamin Harper vive en Los Ángeles, donde se gana la vida editando libros de superhéroes. Cuando no está trabajando, escribe, ve películas de monstruos y pasa el rato con sus gatos Marjorie y Jerry, un pez betta llamado Toby y peceras llenas de tritones de piel áspera y orientales.

# ÍNDICE

apariencia, 6, 7, 8
ataques, 10, 17, 20
avistamientos, 20, 22, 24

brazos, 8, 10, 12, 20, 26

calamares gigantes, 18, 20, 22, 24, 26
caza, 12
cebo, 12
científicos, 18, 24, 26
crípticos, 16–17

Harvey, Moisés, 22
hogares, 6, 7, 10, 14, 24, 26

Islandia, 14, 16

leyendas, 4, 6, 8, 14, 24

mapas, 14, 15
marineros, 4, 8, 10, 14, 17

nombres, 10, 18
Noruega, 7, 8, 14

películas, 28
pescadores, 20, 22
picos, 18, 26

Steenstrup, Japetus, 18

tentáculos, 20, 26
tinta, 20, 26

ventosas, 26